DES
RÉFORMES RELIGIEUSES

ET DU

JUDAÏSME,

PAR UN HABITANT DE METZ.

PRIX : **25** CENTIMES.

A METZ,

GERSON-LEVY ET ALCAN, libraires, rue
des Jardins, 1.

1842.

E qu'on est en droit de demander à tout auteur, c'est le but de son ouvrage. Est-ce le beau, est-ce l'utile ; c'est l'art ou c'est la science. Dresser un autel à l'art, élever un monument à la science, ce sont les deux glorieuses destinées des puissantes intelligences. Les siècles sont avares pour nous de ces sublimes créations. Si c'étaient là les conditions de publicité pour toute œuvre, la presse dormirait longtemps, et ne gémirait pas, comme elle le fait, sous le poids de ces innombrables productions qui attestent la féconde vivacité de l'intelligence humaine.

L'aliment le plus intarissable de la curiosité publique, ce sont ces fantaisies de la pensée qui s'interroge un jour capricieusement elle-même, et qui soumet les idées et les hommes à la critique de son examen. Ce ne sont que des bulles impalpables que le vent de l'esprit remplit de lumière et de grâce ; mais dans leur rapide passage, elles ont distrait l'esprit pensif et fait rêver la sagesse.

Deux mots encore sur l'objet de cet écrit. Plusieurs, sans doute dans une louable intention, ont entrepris de corriger la religion judaïque et de l'assortir, de l'accommoder à ce qu'on appelle les besoins de l'époque. Nous croyons que cette pensée, toute charitable qu'elle est, est dans la voie de l'erreur. Nous croyons aussi, qu'en y réfléchissant un peu, on aurait vu qu'on se donne une peine inutile, et qui ne peut d'aucune manière être suivie du moindre effet. Le Judaïsme est à la hauteur de l'époque. Bien mieux, une longue vie lui est encore assurée. En effet, en même temps que la pensée sociale, la pensée religieuse de l'humanité se développe par gradations, et traverse les différents cercles des croyances, en partant des plus grossières pour arriver aux plus pures. Le Judaïsme, par ce double principe de l'unité divine dans tout son éclat, et des perfections infinies de Dieu, est peut-être la plus avancée des religions humaines. Ce n'est donc pas encore elle qui doit être déposée par les générations comme un vêtement hors de mise. Quand le monde entier l'aura atteinte, et sentira le besoin de la dépasser, ce sera alors le moment de s'inquiéter et de chercher mieux.

Nous avons aussi consacré quelques lignes à la langue hébraïque, et nous avons exprimé le regret que les prières qui viennent à toute heure sur nos lèvres ne puissent remplir leur objet, qui est de peindre le fonds et l'essence de nos sentiments. Comment seraient-elles l'expression de nos sentiments religieux, elles que nous ne comprenons pas et dont nous ne pouvons par conséquent faire notre organe ?

Mais cet avertissement est infiniment trop long à la tête d'un travail aussi peu important. Celui qui a écrit ces pages, l'a fait sans autre but que de les écrire. Il ne veut ni corriger ni instruire personne ; il n'en a ni le droit ni la force. Il lui a plu de dire un mot sur des choses qu'on voit peut-être mal, et il l'a dit. Après cela, il est permis aux lecteurs, s'il s'en trouve, de penser ou de ne pas penser comme lui. Ce sera déjà beaucoup de l'avoir lu ; c'est plus qu'il n'avait osé espérer.

DES RÉFORMES RELIGIEUSES.

ᴇs religions qui se partagent le monde, ont toutes une origine qui se déclare au-dessus de l'humanité. L'orgueil humain, jaloux de l'indépendance, ne veut recevoir de chaines que du ciel. Les lois positives qui régissent les peuples, dérivent d'une utilité imminente, et se fortifient de la force sociale. Le besoin des lois religieuses ne pénètre pas aussi lumineusement dans toutes les intelligences ; et vouloir les appuyer d'une sanction réelle, ce serait violer les libertés nationales. Par vanité ou par crédulité, ou plutôt par une heureuse indifférence de leur source, nous recueillons les traditions qui ont veillé sur la tête de nos aïeux depuis leur berceau jusqu'à la tombe. Ces lois religieuses se trouvent avoir en quelque sorte une analogie avec les lois humaines : l'usage ou l'habitude les continue. Mais ce n'est point pour elles une origine , remarquons-le bien. Leur origine doit être plus qu'humaine. Mystérieux ou divin , leur législateur trouvait dans une naïve crédulité de quoi dompter une liberté rebelle. Une faiblesse lui servait ainsi à vaincre une passion. Aujourd'hui ces prestiges seraient impossibles , même avec des miracles visibles à nos yeux. A moins d'ouvrir les cieux , et d'accomplir un prodige universel, ceux qui n'auraient pas vu ne croiraient pas. La certitude des uns n'ébranlerait pas l'incrédulité des autres ; et l'indifférence aurait bientôt reconquis tout le terrain qu'elle aurait pu perdre.

On ne peut dominer les hommes que par la foi ou la raison. La raison ne peut régner souverainement que sur des intelligences policées par l'éducation sociale , et fortifiées par l'exercice séculaire de la pensée. La foi a besoin de l'enfance vigoureuse du cœur et de l'inertie de la réflexion. Nous sommes aujourd'hui parvenus à l'âge de la transition : la foi s'abaisse à

l'horizon, mais la raison commence à monter
dans les cieux. Tant que sa lumière ne brillera
pas universellement sur le monde, demeurons
prudemment dans la voie du passé , sans con-
trarier l'œuvre du temps, de Dieu et des hommes.
Ce sont là les leçons de l'histoire. L'humanité
marche toujours d'un pas lent , mesuré : point
de précipitation dans ses mouvements. On dirait
que toutes les révolutions naissent naturelle-
ment, tant nous voyons leur accomplissement
concorder avec les événements qui les précèdent.
Les grandes choses qui ne s'annoncent point,
ne durent pas. Un jour viendra, peut-être pas
pour nous ; mais il luira pour nos descendants :
de ce jour où les hommes se regarderont , et
trouveront qu'avec toutes les perfections de l'industrie et du commerce, qu'avec toute la sagesse
des institutions sociales, il leur manque un élé-
ment pour vivre tout entiers ; quand ils s'aperce-
vront que le monde qu'ils ont édifié manque
d'un pivot durable, et , qu'après avoir détruit
l'esclavage et l'ignorance , il faut chercher quelque part une puissance pour les empêcher de re-
vivre ; à cette heure tous les débris des religions
diverses s'évanouiront , sans qu'on distingue
quelle main les aura fait disparaître. De même

que l'axe fictif de la terre correspond à l'axe du monde céleste, de même Dieu, qui est le pivot sacré de la création, deviendra le fondement unique de l'humanité. Dieu sera la pierre angulaire de l'édifice social. Quand le monde aura un tel point d'appui, il ne subira plus ni secousses ni révolutions, l'histoire fermera ses archives, la paix sera l'état éternel comme elle fut l'état primitif du monde.

Mais avant cette glorieuse régénération, les peuples ont leurs destinées à accomplir. Il est de sages esprits qui travaillent pour cet avenir plus propice, sans vouloir que le monde règle son pas sur le leur. Ceux-là étudient le mal actuel comme le médecin étudie une crise prochaine. Ils ne viennent pas follement s'emparer du sceptre des croyances, mais ils aiment à les purifier et à les préparer pour le jour où l'on tendra la main pour les recueillir. Distinguons entre ces âmes généreuses et ces orgueilleux qui, injuriant les faiblesses de leurs semblables, en étalent de plus dépravées. Ce n'est plus ici l'amour, c'est la vanité qui parle. Aussi quel langage méprisant, personnel et dangereux ! L'amour a une bouche d'or d'où découle une suave éloquence qui rafraîchit et désaltère. Le vaniteux roule des flots désordonnés pleins d'écume et de fange. Malheur à qui ne sait pas discerner les deux sources, et boit imprudemment la haîne et l'orgueil, là où il cherchait la sagesse et la charité !

Réformons-nous avant de vouloir réformer les autres. Je le dis à regret, plusieurs présentent le scandaleux spectacle d'hommes d'une immense incrédulité, qui veulent se consoler du naufrage en le faisant partager. Demandez-leur ce qu'ils veulent : ce n'est pas que vous croyiez différemment, mais que vous ne croyiez pas. Ils ont arraché de leurs cœurs la croyance de leurs ancêtres, et ils ont mis une pierre à sa place. Ne m'engagez pas, aveugles, à penser comme vous ; car vous avez éteint une lumière, et vous êtes dans la nuit. Ne m'engagez pas, malheureux, à rompre un joug salutaire, dont la destruction vous fait boire sans résignation et sans espoir toute l'amertume des infirmités humaines, sans vous soustraire à aucune.

Quoi donc ! s'écriera la sagesse humaine, vous voulez consacrer l'immobilité de la croyance, vous qui croyez au progrès de la pensée, à l'heureuse transformation des idées ! Pendant que tout marche dans le monde moral, vous voulez que la base soit invariable ! Ne craignez-vous pas que son insuffisance ne cause sa ruine, et qu'avec elle ne soient compromises les destinées de l'esprit humain ? Je ne réponds qu'un mot. S'agit-il des religions qui partent de l'unité divine plus ou moins éclatante, et qui font descendre la vertu de Dieu pour l'y faire remonter ? Tant que l'humanité durera, le caractère plus ou moins pur de leurs doctrines n'empêchera pas cette idée puissante de gouverner dignement la pensée ; de tels principes ne sont jamais rétrogrades. Parlez-vous de ces honteuses adorations qui s'adressent à ce qui n'est pas Dieu, qui outragent sa grandeur et le profanent dans son sanctuaire, détruisez ce culte dans sa racine et n'en laissez rien subsister. J'aime mieux un peuple sauvage, qui n'a de frein que sa raison dans l'enfance, ou un peuple d'incrédules, qui flottent sur toutes les croyances sans en embrasser aucune, qu'une nation malheureuse dévouée à l'idolâtrie. L'incrédule, s'il est indifférent pour le bien, craint le remords du crime. Le sauvage cède aux passions ; mais l'instinct, qui est une demi-conscience, borne ses vices à ses besoins, et le sauve de l'excès. L'idolâtre sacrifie la vertu à des divinités criminelles; il verse le sang et la débauche sans regret, et avec la double volupté d'un funeste penchant qu'il satisfait, et d'un sentiment religieux auquel il croit obéir. —

Tout le monde sent que la solitude commence à se faire dans les temples. Comme l'on date cette triste dépopulation de la régénération sociale du siècle dernier, les uns de se féliciter que la chute de l'esclavage politique ait brisé les chaînes de la servitude religieuse; les autres de gémir en voyant tomber ce double frein qui gouvernait les peuples. Gardons-nous de croire qu'il en soit fini de ces salutaires croyances. Le récent ébranlement a dérangé l'ordre, mais ne l'a pas exilé. La vague sociale a jailli un peu haut; mais nous sommes sûrs qu'en retombant elle s'applanira. D'après quelles lois se rétablira l'équilibre, c'est ce que la prévoyance philosophique doit rechercher et indiquer, pour que nous nous prêtions aux nécessités de l'avenir. Ma croyance personnelle me pose des bornes et me restreint à elle-même. Qu'un autre se demande comment le pasteur des âmes chrétiennes pourra rendre à son sceptre terni l'éclat du passé, et si les cœurs blessés reviendront verser leurs larmes sur les pieds du Christ gémissant. Pour nous, nous nous adressons à ceux qui se prosternent devant le même sanctuaire que nous, devant le Dieu que Moïse a révélé au pied du Sinaï. Nous leur demanderons pourquoi l'amour divin languit en eux alors même qu'il devrait briller d'une flamme nouvelle.

N'y a-t-il un Dieu que pour les malheureux ? La force du cœur exclut-elle la foi, et est-ce donc une faiblesse que de croire ? Les nations au milieu desquelles nous avions cherché un refuge après notre dispersion, signalaient leur force en nous frappant, et leur noblesse en nous dégradant. La liberté souveraine qui n'a pas deux poids, nous mesure enfin les mêmes droits et les mêmes satisfactions sociales. Et le premier témoignage de notre reconnaissance envers celui qui affranchit les peuples, c'est de déserter ses autels. N'est-ce pas nous qui, au milieu des sanglantes révolutions du monde, avons présenté, pendant vingt siècles, à tous les yeux étonnés, l'immortelle république des fidèles, citoyens résignés qui présentions la joue au soufflet des nations, en même temps qu'un front pieux et enthousiaste à notre souverain immortel. Je reconnais ce peuple inhabile à supporter la prospérité, et qui présente toujours dans son histoire le double spectacle de son inconstance dans le bonheur et de sa fidélité dans l'infortune.

Le culte le plus pur ne sera jamais abandonné. Qu'on ne cherche point de cause étrangère à la durée de la religion mosaïque : sa vitalité est dans elle-même. La persécution a bien pu dégrader les forces de l'énergie, en en détruisant tous les ressorts. La vérité sublime n'est pas un corps mortel qu'on mutile, ou qu'on enfouit dans un tombeau. Elle faisait le fond de nos cœurs, et rien n'a pu l'en expulser. L'idée qui fait la base, et presque tout le développement du mosaïsme, est loin d'être en arrière des progrès si vantés de nos lumières. Nous n'avons jamais été plus loin ; et au contraire, la société, quand elle l'aura atteinte, aura fait un pas gigantesque. Elle a été le point de départ de la sagesse humaine, elle en est aussi le terme. Confesser le seul Dieu, le faire resplendir dans son unité, sans l'envelopper de ténèbres, n'est-ce pas la fin commune de l'humanité ? C'est elle qui survivra au naufrage de toutes les croyances inventées par la terreur ou la faiblesse, et accréditées par l'erreur. Quand tous ces astres qu'adorent les yeux mortels auront disparu de l'horizon religieux, c'est l'étoile éternelle sur laquelle se tourneront les regards, et dont la lumière pourra seule leur suffire.

Il est permis de ne pas croire que ce sublime vaisseau de la religion judaïque porte les croyances les plus augustes, mais combien il est injuste de reculer devant la vérité et devant l'histoire ! Nous avouons avec reconnaissance que le christianisme a enseveli le vieux monde dans le linceuil de l'idolâtrie, et a donné leur noble physionomie aux nations modernes. Mais nous le voyons avec étonnement étendre un doigt railleur sur cette religion plus antique qu'il devrait au moins respecter. Le respect serait son premier devoir, car il insulte à sa mère. Mais cette mère, malgré sa vie séculaire, élève un front plus pur encore que sa fille, et resplendit d'une plus noble fierté. *La Jérusalem nouvelle* assise dans le sein des nations modernes brille, il est vrai, d'un éclat auprès duquel pâlit le flambeau de la philosophique antiquité. Mais *Jérusalem*, croyez-le bien, ne renaît pas *plus brillante et plus belle.* Le seul et immense bienfait du christianisme, c'est d'avoir ouvert le sanctuaire de Jéhovah, et d'avoir répandu dans l'univers le trésor d'une seule nation. Mais ce trésor, s'il a suffi à la moitié du monde, les siècles l'ont laissé intact. Ils n'ont pu l'appauvrir, mais ils ne l'ont pas accru. Dix-huit siècles de mouvements extraordinaires ont ballotté la pensée humaine sur tous les rivages, et elle n'a rien rapporté de plus de ses plus profondes explorations. Dix-huit siècles d'expérience et de luttes extrêmes n'ont pas enflé le réservoir de la sagesse. Tout ce qu'ont pu faire le génie, la patience et la méditation, c'est de ne pas même atteindre aux vues sublimes sur Dieu et sur le cœur humain, que jette d'un trait l'inexpérience hardie et enthousiaste des auteurs sacrés. Nous ne faisons ici que répéter ce qui a été dit mille fois par ceux-là mêmes, qui, un moment après, se mettent à maudire notre entêtement dans une doctrine impuissante. Ils nous reprochent sans cesse de nous enfermer dans le sépulcre du passé, avec une lettre aride et morte qui n'a plus de sens pour l'humanité. Eh bien ! cette religion qu'ils relèguent dans le passé, c'est dans notre conviction, la religion salutaire du présent, la religion glorieuse de l'avenir.

Il y aurait donc lieu de s'étonner de l'indifférence qui tend à s'emparer de nous, si la cause

inévitable n'en était pas si visible. Avant tout,
répétons-le, nous croyons qu'il est impossible
d'imposer une religion nouvelle, ou de déran-
ger les combinaisons des religions établies, sans
s'exposer à les ruiner dans leurs fondements.
Mais nous ne pensons pas que ces monuments
soient tellement fragiles, qu'un simple contact
doive les réduire en poussière. Expliquons-nous.
Pendant que tout varie heureusement, nous
croyons à la nécessité de l'invariabilité religieuse, parce que le moment n'est pas encore
arrivé où la sagesse puisse se fier à elle-même,
et gagner plus de force par sa complète indépendance. Mais pour respecter l'inviolabilité de
la religion, il ne faut pas la laisser périr par
son impuissance. Je ne veux pas qu'on déchire
une seule page de ce livre sacré que les siècles
n'ont pas entamé; en rayer une ligne, ce serait
le jeter tout entier dans les flammes. Mais au
moins faisons en sorte que cette génération tur-
bulente et changée n'oublie pas entièrement le
culte de ses pères. Quand notre isolement nous
réduisait à l'emploi commun de la langue sa-
crée, toute oreille en avait l'intelligence, et se
plaisait même à cette tradition consolatrice de
l'exil. Aujourd'hui, pour être généralement com-

prise, il faudrait que cette langue majestueuse
fût un des éléments de l'éducation populaire. Il
faudrait que le chef auguste de la religion n'ad-
mît dans le sein des fidèles que les jeunes âmes
nourries profondément des livres saints. C'est
ce qu'on peut difficilement exiger dans une
époque où la société, avec ses rigoureuses exi-
gences, ne pardonne jamais à ceux qui ne
veulent pas imiter sa féconde activité, et se dé-
vouer au développement précieux de l'industrie
et de la science. Le peuple, entraîné heureusement dans cette sphère, ne peut plus distraire
des années pour l'étude d'une langue dont en
outre il a perdu le secret. Ce n'est pas le passé
qui pourra l'emporter dans cette lutte avec le
présent. Il faut que la langue antique cède et se
laisse transformer ; ni la doctrine ni les sages
beautés n'y pourront rien perdre. Que l'Arabe
se drape dans son long manteau, ou qu'il se
couvre du vêtement européen, on n'en admi-
rera pas moins sa vigueur et la fierté de son
front. Et s'il se fixe dans nos climats, conser-
vera-t-il toujours son brillant costume, devenu
étranger et incommode ? Qu'on nous pardonne
cette comparaison ; toute familière qu'elle est,
elle nous semble assez bien représenter cette

fille d'un autre ciel , qui n'en sera pas moins noble et moins belle, pour se conformer à ce qui l'entoure.

Je dois m'arrêter ici. Je n'ai voulu qu'exposer le caractère élevé et social, si je puis m'exprimer ainsi , de la religion mosaïque, et me demander alors si une réforme était nécessaire, si même elle était possible. Et je m'aperçois qu'il m'est échappé en terminant un mot de critique dont je demande humblement pardon. C'est qu'il est si douloureux de voir autour de soi des cœurs pieux et nobles, aspirer en vain à se répandre dans le sein consolateur de la religion. Pour y parvenir, il faudrait que cette mère auguste qui nous tend les bras, pût comprendre nos accents. Je sais qu'on me dira que le véritable autel est dans notre cœur, que Dieu entend tous les langages, et qu'il est facile à chacun de lui adresser secrètement l'élan de son amour. Mais ceux qui m'objecteront ce recours intérieur , en ignorent-ils l'insuffisance et le danger ? Le prestige du culte public peut seul absorber l'inquiétude que la solitude nourrit, loin de pouvoir la vaincre. Les solennités religieuses remplissent nos cœurs déserts d'éclat, d'harmonie, de gloire. Je ne veux pas décrire les enchantements de la plus simple prière, si une voix unanime la fait monter vers les voûtes du temple. Ce serait dépenser d'inutiles paroles que de vouloir démontrer la nécessité d'un culte public. Le cœur est souvent inhabile à se dépouiller dans le tourbillon du monde des agitations sociales et des affections orageuses, qui se déposent d'elles-mêmes au seuil du temple. Tout le monde comprend également que la prière, qui est le plus pur flot de notre âme, n'a aucun rapport avec ce vent de paroles incomprises, qui font honte à la dignité de l'homme et outragent la majesté de Dieu.

Metz.—Imp. de J. Mayer Samuel.